TULIPAS

GUIA PRÁTICO

A Editora Nobel tem como objetivo publicar obras com qualidade editorial e gráfica, consistência de informações, confiabilidade de tradução, clareza de texto, impressão, acabamento e papel adequados. Para que você, nosso leitor, possa expressar suas sugestões, dúvidas, críticas e eventuais reclamações, a Nobel mantém aberto um canal de comunicação.

Entre em contato com:
Central Nobel de Atendimento ao Consumidor
Fone: (011) 3931-2822 ramais 248 e 259 Fax: (011) 3931-3988
End.: Rua da Balsa, 559 — São Paulo — CEP 02910-000
Internet: www.livrarianobel.com.br

TULIPAS

GUIA PRÁTICO

Um livro QUANTUM/NOBEL
6 Blundell Street
Londres N 7 9BH

Projeto: Rebecca Kingsley
Editoria: Judith Millidge
Arte: David Manson, Andy McColm, Maggie Manson

Publicado em inglês sob o título
Tulips — A Pocket Companion
Publicado anteriormente em
Tulips: An illustrated identifier and guide to cultivation

© 1999 Quantum Books Ltd.
© 1999 Livraria Nobel

Direitos desta edição reservados à
Livraria Nobel S.A.
Rua da Balsa, 559 — São Paulo, SP — 02910-000
Fone: (011) 3931-2822 Fax: (011) 3931-3988
e-mail: ednobel@nutecnet.com.br

Coordenação editorial: Mirna Gleich
Assistência editorial: Maria Elisa Bifano
Tradução: Edite Sciulli
Revisão técnica: Yone F. Hein (bióloga e paisagista)
Revisão: Marisa Rosa Teixeira e Maria Aparecida Amaral
Composição: ComplLaser Studio Gráfico
Impressão: Star Standard Industries (Pte) Ltd.

Dados Internacionais de Catalogação na Publicação (CIP)
(Câmara Brasileira do Livro, SP, Brasil)

guia prático/tradução Edite Sciulli. — São Paulo: Nobel, 1999.

ıs: A Pocket Companion
3-4

1. Tulipas 2. Tulipas — Cultura.

99-0502   CDD-635.934324

Índices para catálogo sistemático:
1. Tulipas: Cultivo 635.934324
2. Tulipas: Floricultura 635.934324

É PROIBIDA A REPRODUÇÃO

Nenhuma parte desta obra poderá ser reproduzida, copiada, transcrita ou mesmo transmitida por meios eletrônicos ou gravações sem a permissão, por escrito, do editor. Os infratores serão punidos pela Lei nº 5.988, de 14 de dezembro de 1973, artigos 122-130.

Impresso em Cingapura / *Printed in Singapore*

Sumário

AS DELICADAS TULIPAS, 7
A origem das tulipas, 8
As tulipas ao redor do mundo, 10
Popularizam-se as tulipas, 12
Classificação das tulipas, 14

CLASSES DE TULIPA
Precoce singela, 18
Precoce dobrada, 21
Triumph, 23
Híbrida Darwin, 27
Tardia singela, 31
Em forma de lírio, 35
Franjada, 38
Viridiflora, 40
Rembrandt, 42
Parrot, 43
Tardia dobrada, 45
Kaufmanniana, 48
Fosteriana, 52
Greigii, 56
Outras espécies, 59

Índice remissivo, 64

AS DELICADAS TULIPAS

A tulipa é uma das flores mais populares e cultivadas do mundo desde sua origem no século XVI quando, no seu auge, os bulbos trocavam de mãos por altas somas. Embora hoje bulbos de tulipa geralmente sejam acessíveis a qualquer jardineiro, sua popularidade não decaiu. Nos últimos 50 anos houve uma verdadeira revolução nos tipos e nas classes de tulipa.

A origem das tulipas

A história bem documentada da tulipa de jardim começa em 1554, quando os bulbos e as sementes foram da Turquia para a Europa Ocidental. Essas tulipas turcas já eram bastante cultivadas.

AS TULIPAS NA EUROPA

O diplomata belga Ogier de Busbecq (1522-1592), enviado do Santo Imperador Romano para Suleiman, o Magnífico, referiu-se à "tulipam", com pouco ou nenhum perfume, mas admirada por sua beleza e variedade de cores. Busbecq mandou sementes e bulbos a Viena. Em 1559, Conrad Gesner viu tulipas nos jardins da cidade. Dois anos mais tarde, as flores foram vistas em Augsburg e, no ano seguinte, um mercador de Antuérpia recebeu um carregamento de bulbos de Constantinopla. De Flandres, a tulipa espalhou-se por toda a Europa.

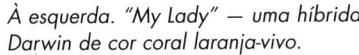

À esquerda. "My Lady" — uma híbrida Darwin de cor coral laranja-vivo.

Acima. "Keiserskron" é uma das tulipas mais antigas, cultivada primeiro em 1750.

TURQUIA E PÉRSIA

Estas primeiras tulipas chegaram ao consumidor como resultado de experimentação, técnica e prática. As primeiras plantas criadas a partir desses bulbos abrangiam todas as variedades, do início, final e meio da estação, e com toda a gama de cores conhecidas hoje. Exceto por pequenos detalhes de forma e tamanho, as tulipas de jardim de hoje não diferem das originais.

Há vários indícios de que essas tulipas foram cultivadas por séculos, mas não se pode assegurar que isso tenha ocorrido na Turquia. Sugeriu-se que elas se originaram na Pérsia onde a palavra para tulipa, "lale", é a mesma usada na Turquia. Ogier de Busbecq disse que na Turquia seu nome era "tulipam", mas ele deve ter entendido mal a palavra "tülbent" (turbante), usada para descrever a forma da flor.

As tulipas ao redor do mundo

As tulipas chegaram à Inglaterra mais ou menos em 1578. Cerca de 4 anos depois, o inglês Richard Hakluyt escreveu sobre várias flores de nome "tulipa" que vinham sendo importadas da Áustria. A tulipa logo se tornou popular na Inglaterra com muitas variedades.

CHEGADA NA INGLATERRA
Em 1629, John Parkinson, um famoso horticultor, escreveu *Paradisus*. Foi o primeiro autor inglês a fazer justiça à tulipa, enumerando 140 variedades: "elas nos conferem muito prazer e merecem elogios de todos os amantes do belo por sua forma e cores admiráveis".

Por um tempo, a fama da tulipa ofuscou a da rosa e a do narciso. John Tredescant, jardineiro de Carlos I, cultivou mais de 50 variedades e o bom gosto da Corte Real foi amplamente imitado. Embora Shakespeare não mencione as tulipas não faltaram artistas que as louvassem.

À esquerda. Pintadas em 1632 no auge da "tulipomania", as tulipas são vistas pelos portões neste quadro de Rubens.

Acima. "Orange Emperor" e "Toronto" são excelentes tulipas cultivadas há mais de 30 anos.

TULIPOMANIA

A tulipa chegou à França em 1608, mas em poucos anos os bulbos eram trocados por espantosas quantias de dinheiro. A moda de gastar grandes somas em tulipas espalhou-se para o norte por Flandres até a Holanda, onde a "tulipomania" generalizou-se. Fizeram-se experiências arriscadas que acabaram em desastre nacional. Passou-se a infectar a tulipa por um vírus, que a fazia apresentar lindas formas variadas.

Os prêmios obtidos por uma tulipa vencedora podiam ser enormes. A "tulipomania" chegou ao auge entre 1632 e 1637. Nesse período, seu cultivo andou lado a lado com a especulação. Havia um clube para o comércio de tulipas em todas as cidades holandesas, instalado em alguma taverna. Diferentes pessoas se associavam, hipotecando suas casas e bens. Com esse jogo perigoso muitas vidas foram arruinadas. Em 1637, o mercado de tulipas entra, afinal, em declínio.

Popularizam-se as tulipas

No século XVIII, a popularidade da tulipa na Inglaterra, Holanda, Flandres e norte da França cresceu rápido. Enquanto isso, uma mania nasceu na Turquia a partir de 1703 e se transformou em obsessão pela flor.

TULIPAS FLAMENGAS

Uma grande mudança acontecia em Flandres e nas cidades do norte da França como Lille: plantava-se uma espécie de tulipas semelhante a uma taça, mas com a base mais quadrada. Os espertos cultivadores de Flandres e de Lille vendiam seus bulbos a preços mais elevados.

TULIPAS HOLANDESAS

O início do século XX viu uma enorme expansão da indústria de bulbos de tulipas holandesas. Em 1949, foi fundada Keukenhof, perto de Lisse. Ali, os bulbos floresciam em toda a primavera e nas estufas, fora da estação. Todos os anos, multidões visitam os festivais de flores holandeses.

À esquerda. Campos comerciais de bulbos na região plantadora de tulipas perto de Lisse, Holanda.

Acima. Exibição em massa de tulipas nos jardins NCC em Ottawa, Canadá.

TULIPAS NA AMÉRICA DO NORTE

As tulipas têm inúmeros admiradores nos Estados Unidos, o que talvez possa ser atribuído em parte à influência de imigrantes holandeses. Há um grande número de festivais de tulipa em todo o país, especialmente nas áreas com muitos habitantes de origem holandesa. Entre os melhores, está o de Holland, em Michigan, Pella e Orange City, em Iowa, e Albany, em Nova York.

Mas a maior exibição de tulipas na América do Norte ocorre na capital do Canadá, Ottawa, devido também à influência das ligações com a Holanda. Depois que a rainha holandesa Juliana deu à luz em Ottawa, os holandeses passaram a enviar tulipas a essa cidade todos os anos num gesto de agradecimento e boa vontade entre os países. Ali é também realizado um festival anual de primavera em homenagem à tulipa.

Classificação das tulipas

As tulipas foram divididas em 15 grupos. Os de 1-11 são as tulipas de jardim, de origem desconhecida. Os de 12-15 são as tulipas botânicas, espécies ou híbridas de espécies conhecidas.

1. TULIPAS PRECOCES SINGELAS
Flores em forma de taça, menores que as variedades de floração tardia. Florescem no início da primavera. Altura 22-40 cm.

2. TULIPAS PRECOCES DOBRADAS
Flores dobradas de longa duração boas para corte. Florescem em meados da primavera. Altura 22-40 cm.

3. TULIPAS TRIUMPH
Grandes flores — primeiro cônicas e depois arredondadas. Florescem do meio ao final da primavera. Altura 40-50 cm.

4. TULIPAS HÍBRIDAS DARWIN
Grandes flores sobre hastes longas. Florescem do meio ao final da primavera. Altura 50-65 cm.

5. TULIPAS TARDIAS SINGELAS
Flores quadrangulares ou ovais — grandes sobre hastes longas. Florescem no final da primavera. Altura 60-75 cm.

6. TULIPAS EM FORMA DE LÍRIO
Flores singelas de formato característico e longas pétalas em ponta. Florescem no final da primavera. Altura 50-60 cm.

7. TULIPAS FRANJADAS
Flores com pétalas de bordas finamente franjadas. Florescem no final da primavera. Altura 45-60 cm.

8. TULIPAS VIRIDIFLORAS
Flores singelas com pétalas parcialmente verdes. Florescem no final da primavera. Altura 30-50 cm.

CLASSES DE TULIPA

PRECOCES
1. Precoce singela
2. Precoce dobrada

MEIA-ESTAÇÃO
3. Triumph
4. Híbrida Darwin

TARDIAS
5. Tardia singela
6. Em forma de lírio
7. Franjada
8. Viridiflora
9. Rembrandt
10. Parrot
11. Tardia dobrada

BOTÂNICAS
12. Kaufmanniana
13. Fosteriana
14. Greigii
15. Outras espécies

Nota: Os ícones coloridos são usados em todo o guia

9. TULIPAS REMBRANDT
Grandes flores quadrangulares com pétalas com marcas semelhantes a plumas, listras ou manchas. Florescem no final da primavera. Altura 45-75 cm.

10. TULIPAS PARROT
Flores singelas com pétalas enrugadas e onduladas. Florescem no final da primavera. Altura 50-60 cm.

11. TULIPAS TARDIAS DOBRADAS
Flores dobradas grandes e duradouras. Florescem no final da primavera. Altura 40-60 cm.

À esquerda. Uma mostra colorida de híbridas Darwin.

12. KAUFMANNIANA
Híbridas pequenas, com flores coloridas em forma de estrela. Florescem no início e meados da primavera. Altura 15-25 cm.

13. FOSTERIANA
Flores grandes, de cores vivas, muitas vezes com manchas ou listras nas folhas. Florescem em meados da primavera. Altura 30-50 cm.

14. GREIGII
Híbridas pequenas com flores duradouras. Florescem do início ao meio da primavera. Altura 20-35 cm.

15. OUTRAS ESPÉCIES
Anãs com flores pequenas, para cultivo entre pedras. Flores do final do inverno ao início da primavera. Altura 10-25 cm.

CLASSES DE TULIPA

Guia dos ícones

CLASSE

Mostra o formato de cada classe (veja detalhes na p.15)

Altura (cm)

75 cm

Floração

PERÍODOS 1-5

1 Final do inverno
2 Início da primavera
3 Meados da primavera
4 Final da primavera
5 Início do verão

ABREVIAÇÕES

FCC First Class Certificate
AM Award of Merit
HC Highly Commended
H Haarlem/Hillegom
W Wisley
RHS Royal Horticultural Society

PRECOCE SINGELA

TULIPA "IBIS"

A cor desta tulipa é um rosa-escuro passando a branco-prateado nas bordas. As flores em forma de taça são menores do que as variedades de floração tardia, e abrem-se totalmente ao sol.

Classificação Precoce singela.
Cor Rosa-escuro com bordas prateadas.
Altura 30 cm.
Ano de introdução 1910.
Prêmios AM W 14.
Floração De início a meados da primavera.

  30 cm PERÍODOS 2-3

TULIPA "PRINCE CARNIVAL"

Tulipa bicolor, amarela com feixes vermelhos, "Prince Carnival" é recomendada para canteiros, vasos e interiores. Com hastes fortes, suporta bem o vento e a chuva.

Classificação Precoce singela.
Cor Amarela com feixes vermelhos.
Altura 32,5 cm.
Ano de introdução 1930.
Floração De início a meados da primavera.

  32,5 cm PERÍODOS 2-3

TULIPA "KEIZERSKROON"

É uma das mais antigas da lista de classificação, cultivada desde 1750. Uma encantadora tulipa bicolor, carmim-escarlate com largas bordas amarelo-ouro.

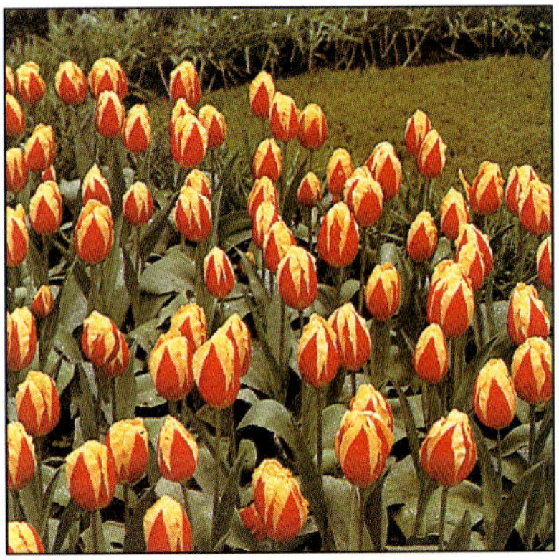

Classificação Precoce singela.
Cor Escarlate com bordas amarelas.
Altura 35 cm.
Ano de introdução 1750.
Floração De início a meados da primavera.

35 cm

PERÍODOS 2-3

TULIPA "APRICOT BEAUTY"

Esta tulipa foi previamente classificada como uma tulipa de Mendel. Sua cor é um delicado tom de rosa-damasco, levemente tingido de vermelho e com o interior ligeiramente mais forte. Não é das mais robustas, mas sua beleza a torna especial.

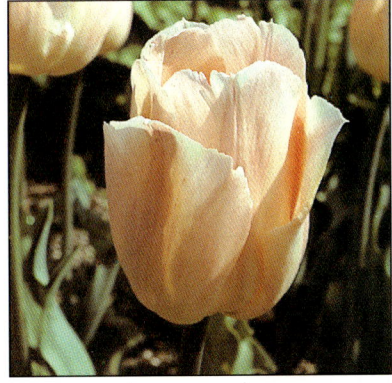

Classificação Precoce singela.
Cor Rosa-damasco claro.
Altura 40 cm.
Ano de introdução 1953.
Floração De início a meados da primavera.

40 cm

PERÍODOS 2-3

PRECOCE SINGELA

TULIPA "BESTSELLER"

Variação da "Apricot Beauty", com flores laranja-acobreadas brilhantes. Como sua precursora, a "Bestseller" não é uma das mais robustas e precisa de tratamento especial.

Classificação Precoce singela.
Cor Laranja-acobreado brilhante.
Altura 40 cm.
Ano de introdução 1959.
Floração De início a meados da primavera.

PRINCESS "IRENE"

Outra tulipa bicolor, de cor laranja-claro e salmão com feixes amarelados parecidos com plumas. Tem hastes fortes que suportam chuva e vento.

Classificação Precoce singela.
Cor Laranja-claro e salmão.
Altura 32,5 cm.
Ano de introdução 1949.
Floração De início a meados da primavera.

TULIPA "PEACH BLOSSOM"

Uma variação da tulipa "Murillo". As flores são dobradas e de longa durabilidade. As hastes são fortes, mas ligeiramente mais curtas que as das precoces singelas.

Classificação Precoce dobrada.
Cor Rosa-vivo.
Altura 25 cm.
Ano de introdução 1890.
Prêmios AM H 13.
Floração Meados da primavera.

TULIPA "ORANGE NASSAU"

As flores desta tulipa são boas para corte. Abrem-se totalmente e são uma opção comum para vasos, jardineiras ou interiores.

Classificação Precoce dobrada.
Cor Vermelho-vivo alaranjado.
Altura 25 cm.
Ano de introdução 1930.
Floração Meados da primavera.

PRECOCE DOBRADA

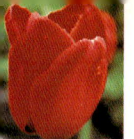

TULIPA "SCARLET CARDINAL"

Considerada a melhor das precoces dobradas, esta tulipa vigorosa, escarlate-vivo com tons laranja, é de altura semelhante à da "Murillo". Pode ter seu brotamento estimulado, expondo o bulbo ao frio.

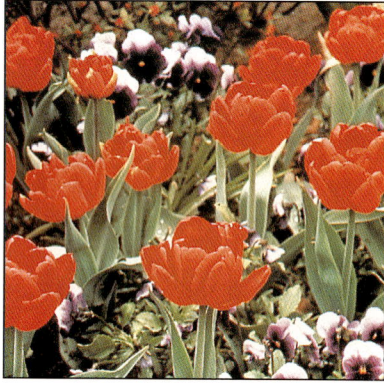

25 cm

PERÍODO 3

Classificação Precoce dobrada.
Cor Escarlate-vivo.
Altura 25 cm.
Ano de introdução 1914.
Prêmios AM H 15.
Floração Meados da primavera.

TULIPA "BABY DOLL"

É uma das menores entre as variedades do grupo "Murillo" e sua cor é o amarelo-vivo. As flores são duradouras, mas suas pétalas múltiplas podem ficar pendentes após chuva forte, apesar de serem menores que as precoces singelas.

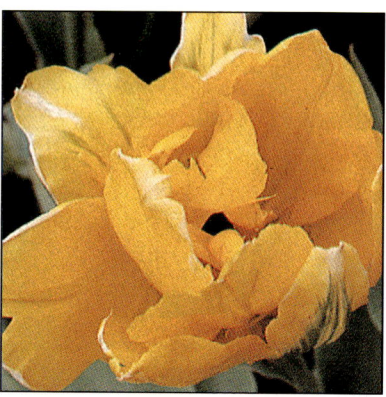

20 cm

PERÍODO 3

Classificação Precoce dobrada.
Cor Amarelo-vivo.
Altura 20 cm.
Ano de introdução 1961.
Floração Meados da primavera.

TULIPA "ATTILA"

Estas tulipas singelas foram introduzidas após a Primeira Guerra Mundial e são um cruzamento entre a tulipa que floresce no final da primavera e a precoce singela. Attila é uma variedade púrpura-claro.

Classificação Tulipa Triumph.
Cor Púrpura-claro.
Altura 50 cm.
Ano de introdução 1945.
Floração Meados da primavera.

TULIPA "ARABIAN MYSTERY"

Estas singelas flores, púrpura-escuras com bordas brancas, passam de cônicas a arredondadas. As hastes fortes lhes permitem ficar no exterior.

Classificação Tulipa Triumph.
Cor Púrpura-escuro com bordas brancas.
Altura 45 cm.
Ano de introdução 1953.
Floração Meados da primavera.

TULIPA "DREAMING MAID"

"Dreaming Maid" é uma tulipa robusta que pode ser cultivada na meia-sombra. Adequada para canteiros e bordas, deverá ser retirada do solo e armazenada no verão.

Classificação Tulipa Triumph.
Cor Violeta com bordas brancas.
Altura 50 cm.
Ano de introdução 1934.
Floração Meados da primavera.

TULIPA "HIBERNIA"

Uma robusta tulipa branca, "Hibernia" tem flores delicadas e é razoavelmente vigorosa. Um conjunto desta tulipa oferece um lindo espetáculo no meio da primavera.

Classificação Tulipa Triumph.
Cor Branco.
Altura 47,5 cm.
Ano de introdução 1946.
Floração Meados da primavera.

TULIPA "MERRY WIDOW"

Uma espetacular tulipa bicolor, vermelho-magenta com bordas brancas. As hastes robustas suportam o plantio em locais abertos.

Classificação Tulipa Triumph.
Cor Magenta com bordas brancas.
Altura 32,5 cm.
Ano de introdução 1942.
Prêmios AM H 43.
Floração Meados da primavera.

TULIPA "KEES NELIS"

"Kees Nelis" tem flores grandes, mas não tanto quanto as híbridas Darwin. Pode ser cultivada em canteiros e bordas, mesmo na meia-sombra. É um belo exemplar de flor vermelha com bordas amarelas.

Classificação Tulipa Triumph.
Cor Vermelho com bordas amarelas.
Altura 37,5 cm.
Ano de introdução 1951.
Floração Meados da primavera.

TRIUMPH

TULIPA "VALENTINE"

Outra fantástica tulipa bicolor, rosa com um toque de púrpura e bordas brancas. Planta muito robusta com flores singelas e hastes fortes, excelentes para buquês.

Classificação Tulipa Triumph.
Cor Rosa com bordas brancas.
Altura 50 cm.
Ano de introdução 1970.
Floração Meados da primavera.

TULIPA "ABU HASSAN"

A cor desta tulipa é bastante incomum — vermelho-cardeal com listras iguais às dos crisântemos nas bordas amarelo-vivas. Vigorosas, proporcionam um belo espetáculo.

Classificação Tulipa Triumph.
Cor Vermelho-cardeal com bordas amarelas.
Altura 50 cm.
Ano de introdução 1976.
Floração Meados da primavera.

TULIPA "ORANGE SUN"

Esta foi a primeira híbrida Darwin não vermelha, introduzida em 1947, às vezes chamada de "Oranjezon". Originalmente classificada como uma Triumph, passou ao grupo Darwin apenas muitos anos depois. Floresce mais tarde que a maioria das Darwin.

Classificação Híbrida Darwin.
Cor Laranja.
Altura 55 cm.
Ano de introdução 1947.
Prêmios AM H 64.
Floração Meados da primavera.

TULIPA "BIG CHIEF"

"Big Chief" é uma tulipa grande, excelente para canteiros, que não gosta de ser deixada no solo ou naturalizada. As flores são rosa com bordas vermelho-alaranjadas e um toque de laranja no interior.

Classificação Híbrida Darwin.
Cor Rosa com vermelho-alaranjado.
Altura 65 cm.
Ano de introdução 1959.
Prêmios FCC W 69 AM H 60.
Floração Meados da primavera.

HÍBRIDA DARWIN

TULIPA "OXFORD"

Uma das tulipas vermelhas favoritas que pode, quando desenterrada, produzir um novo bulbo excelente para floração do ano seguinte, junto com vários bulbilhos. As flores são redondas e nascem em hastes longas.

Classificação Híbrida Darwin.
Cor Escarlate.
Altura 60 cm.
Ano de introdução 1945.
Prêmios FCC W 78 AM H 53.
Floração Meados da primavera.

TULIPA "GOLDEN SPRINGTIME"

Estas flores grandes, que são uma variação das tulipas vermelhas Darwin, têm um lindo tom amarelo, em longas hastes e surgem mais cedo que as Darwin mais comuns.

Classificação Híbrida Darwin.
Cor Amarelo.
Altura 60 cm.
Ano de introdução 1945.
Prêmios FCC W 78 AM H 53.
Floração Meados da primavera.

TULIPA "DAWNGLOW"

Excelente híbrida, a "Dawnglow" é uma variação de "Red Matador" com uma linda combinação de cores: um damasco claro tingido de carmim e um toque de laranja no interior. Deve ser plantada cedo para dar belas floradas.

Classificação Híbrida Darwin.
Cor Damasco com tons carmim.
Altura 60 cm.
Ano de introdução 1965.
Floração Meados da primavera.

  60 cm PERÍODO 3

TULIPA "PINK IMPRESSION"

Considerada a melhor entre as rosadas, esta tulipa foi produzida em 1979. Com dois tons de rosa no exterior e bordas avermelhadas, seu interior é rosa-vivo com uma base negra e uma pequena borda amarela.

Classificação Híbrida Darwin.
Cor Rosa com bordas avermelhadas.
Altura 60 cm.
Ano de introdução 1979.
Floração Meados da primavera.

 60 cm PERÍODO 3

HÍBRIDA DARWIN

TULIPA "IVORY FLORADALE"

Esta tulipa é a que mais se aproxima do branco, inexistente entre as híbridas Darwin. Sua cor é amarelo-marfim no exterior e amarelo-creme no interior, às vezes com pontos vermelho-carmim.

Classificação Híbrida Darwin.
Cor Amarelo-marfim.
Altura 60 cm.
Ano de introdução 1965.
Floração Meados da primavera.

TULIPA "OLYMPIC FLAME"

Esta tulipa, variação da "Olympic Gold", é amarelo-mimosa com toques de vermelho-vivo. As flores são singelas, grandes e geralmente arredondadas. São altas com uma haste longa.

Classificação Híbrida Darwin.
Cor Amarelo com manchas vermelho-vivas.
Altura 52,5 cm.
Ano de introdução 1971.
Floração Meados da primavera.

TULIPA "ARISTOCRAT"

Tulipa popular para ser plantada em bordas e ao redor de arbustos, com flores grandes rosa-magenta claro com uma borda clara. É uma boa flor de corte.

Classificação Tardia singela.
Cor Rosa-magenta com borda clara.
Altura 60 cm.
Ano de introdução 1935.
Prêmios AM H 38.
Floração Meados a final da primavera.

TULIPA "ROSY WINGS"

Suas flores têm uma forma muito característica, quase como lírios, muito longas e cor-de-rosa brilhante. Proporcionam cor ao jardim após as variedades precoces terem murchado.

Classificação Tardia singela.
Cor Rosa-brilhante.
Altura 57,5 cm.
Ano de introdução 1944.
Prêmios AM H 47.
Floração Meados a final da primavera.

TULIPA "HALCRO"

Robustas, altas e vigorosas, foram introduzidas pelos irmãos Seger. A flor grande e oval é carmim-salmão brilhante com uma base amarela.

Classificação Tardia singela.
Cor Carmim-salmão com base amarela.
Altura 70 cm.
Ano de introdução 1949.
Prêmios FCC H 64 AM W 77.
Floração Meados a final da primavera.

TULIPA "RENOWN"

Esta é outra introdução dos irmãos Seger — desta vez vermelho-carmim claro com base amarela. As flores são, igualmente, grandes e ovais.

Classificação Tardia singela.
Cor Vermelho-carmim e amarelo.
Altura 65 cm.
Ano de introdução 1965.
Prêmios FCC H 51 AM W 68.
Floração Meados a final da primavera.

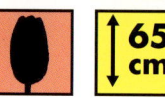

TULIPA "LANDSEADLE'S SUPREME"

"Landseadle's Supreme" é uma tulipa duradoura. Com um lindo vermelho-cereja sobre hastes fortes, adapta-se bem em bordas e canteiros. As hastes eretas são firmes e produzem boas flores para corte.

Classificação Tardia singela.
Cor Vermelho-cereja.
Altura 65 cm.
Ano de introdução 1958.
Prêmios FCC H 61 FCC W 77.
Floração Meados a final da primavera.

TULIPA "SHIRLEY"

Tulipa branca com uma borda estreita de suave azul-arroxeado e algumas manchas da mesma cor. Sua altura lhe confere elegância. "Shirley" dá um charme à moda antiga ao jardim.

Classificação Tardia singela.
Cor Branco com manchas azul-arroxeadas.
Altura 60 cm.
Ano de introdução 1963.
Floração Meados a final da primavera.

TARDIA SINGELA

TULIPA "PANDION"

Tulipa bicolor com grandes flores roxas e bordas brancas, cuja haste rija e ereta resiste a tudo, menos a primaveras mais severas.

Classificação Tardia singela.
Cor Roxo com bordas brancas.
Altura 60 cm.
Ano de introdução 1965.
Prêmios FCC H 54 AM W 57.
Floração Meados a final da primavera.

TULIPA "DILLENBURG"

Tulipa com uma interessante combinação de cores laranja-terracota, "Dillenburg" apresenta uma das florações mais tardias, prolongando a exibição de cores no jardim.

Classificação Tardia singela.
Cor Laranja-terracota.
Altura 65 cm.
Ano de introdução 1916.
Prêmios FCC H 37.
Floração Meados a final da primavera.

TULIPA "MARIETTE"

"Mariette" é uma tulipa alta com longas pétalas pontudas. Sua forma e cor são muito peculiares e elegantes, ideais para arranjos.

Classificação Tulipa em forma de lírio.
Cor Rosa-escuro com base branca.
Altura 60 cm.
Ano de introdução 1942.
Prêmios FCC H 50 AM W 68.
Floração Meados a final da primavera.

TULIPA "MARJOLEIN"

Uma tulipa notável, laranja e rosa-carmim, e vermelho-pimenta no interior; sua haste forte é ideal para canteiros convencionais e arranjos florais.

Classificação Tulipa em forma de lírio.
Cor Laranja e rosa-carmim.
Altura 57,5 cm.
Ano de introdução 1962.
Prêmios AM W 82.
Floração Meados a final da primavera.

EM FORMA DE LÍRIO

TULIPA "CHINA PINK"

Suas flores têm uma linda cor rosa-escuro, com um tom mais claro no interior. Considerada um bom exemplar, suas pétalas rosa-cetim arqueiam-se para fora e são levemente pontudas.

Classificação Tulipa em forma de lírio.
Cor Rosa-cetim.
Altura 50 cm.
Ano de introdução 1944.
Floração Meados a final da primavera.

TULIPA "MAYTIME"

Esta tulipa é violeta com bordas brancas. A haste forte é ideal para bordas comuns e arranjos florais. Sua semelhança com lírios é marcante.

Classificação Tulipa em forma de lírio.
Cor Violeta com bordas brancas.
Altura 47,5 cm.
Ano de introdução 1962.
Floração Meados a final da primavera.

TULIPA "BALLADE"

"Ballade" tem flores acinturadas e longas pétalas pontudas que se curvam graciosamente nas pontas. A cor é o malva-escuro com bordas brancas.

Classificação Tulipa em forma de lírio.
Cor Malva-escuro com bordas brancas.
Altura 47,5 cm.
Ano de introdução 1953.
Floração Meados a final da primavera.

47,5 cm | PERÍODOS 3-4

TULIPA "ALADDIN"

Esta elegante tulipa tem hastes robustas, folhas vistosas acinzentadas e é bem resistente. As folhas contrastam com as pontudas pétalas carmim e bordas amarelas.

Classificação Tulipa em forma de lírio.
Cor Carmim com bordas amarelas.
Altura 50 cm.
Ano de introdução 1942.
Floração Meados a final da primavera.

50 cm | PERÍODOS 3-4

EM FORMA DE LÍRIO

TULIPA "BELLFLOWER"

Muitas vezes plantada para chamar a atenção nos jardins, esta tulipa possui bordas delicadamente franjadas. Suas flores singelas são cor-de-rosa no exterior e vermelho-cereja no interior.

Classificação Tulipa franjada.
Cor Cor-de-rosa.
Altura 50 cm.
Ano de introdução 1970.
Floração Meados a final da primavera.

TULIPA "BURGUNDY LACE"

São plantas vistosas e fortes com uma franja transparente nas pétalas cor de vinho. Tem sido uma das mais baratas entre as tulipas franjadas.

Classificação Tulipa franjada.
Cor Vinho.
Altura 65 cm.
Ano de introdução 1961.
Prêmios AM W 70.
Floração Meados a final da primavera.

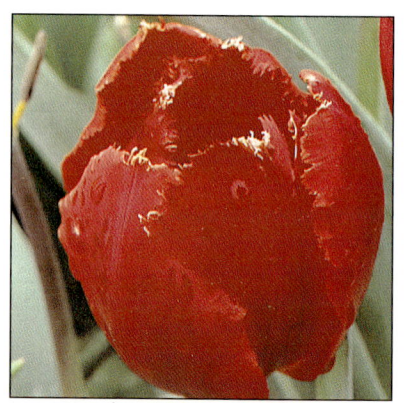

TULIPA "FANCY FRILLS"

Uma nova e popular variedade de tulipa, sua parte externa é branco-marfim. O ápice e a lateral das pétalas são margeados de rosa e franjados de branco e rosa-claro.

Classificação Tulipa franjada.
Cor Rosa com base branca.
Altura 50 cm.
Ano de introdução 1972.
Floração Meados a final da primavera.

TULIPA "FRINGED ELEGANCE"

Esta tulipa híbrida é uma variação de "Jewel of Spring" introduzida pelos irmãos Seger. Suas hastes são longas e suas flores enormes e coloridas.

Classificação Tulipa franjada.
Cor Amarelo-creme.
Altura 60 cm.
Ano de introdução 1974.
Prêmios AM W 74.
Floração Meados a final da primavera.

FRANJADA

VIRIDIFLORA

TULIPA "ARTIST"

Variedade anã de tulipa com listras ou manchas verdes características. O interior é rosa-salmão e verde, e o exterior roxo e rosa-salmão. Atinge 28 cm de altura.

Classificação Viridiflora.
Cor Salmão e verde.
Altura 28 cm.
Ano de introdução 1947.
Prêmios AM W 47.
Floração Meados da primavera ao início do verão.

28 cm — PERÍODOS 3-5

TULIPA "GREENLAND"

Esta é uma das primeiras híbridas da *Tulipa viridiflora* com hastes rijas e uma notável cor verde margeada de rosa. É cultivada principalmente para corte, visto que seu visual incomum chama bastante a atenção.

Classificação Viridiflora.
Cor Verde com bordas rosa.
Altura 50 cm.
Ano de introdução 1955.
Prêmios AM W 60.
Floração Meados da primavera ao início do verão.

50 cm — PERÍODOS 3-5

TULIPA "COURT LADY"

As cores verde e branco tornam estas tulipas ótimas para bordas. São muito usadas para arranjos devido às hastes fortes e às flores de características raras.

Classificação Viridiflora.
Cor Verde e branco.
Altura 40 cm.
Ano de introdução 1956.
Floração Meados da primavera ao início do verão.

TULIPA "SPRING GREEN"

Das variedades mais novas, esta flor é a mais barata e provavelmente uma das mais vigorosas. Tem uma bonita cabeça verde-orquídea com uma larga borda branca. O interior é amarelo-orquídea passando a marfim nas pontas.

Classificação Viridiflora.
Cor Verde-orquídea com bordas brancas.
Altura 40 cm.
Ano de introdução 1969.
Floração Meados da primavera ao início do verão.

TULIPA "CORDELL HULL"

Muitos dizem que as tulipas Rembrandt hoje são obsoletas porque as marcas incomuns eram originalmente causadas por vírus. "Cordell Hull" é um exemplo de tulipa moderna sem vírus.

Classificação Rembrandt.
Cor Vermelho e branco com bordas listradas.
Altura 45-75 cm.
Floração Meados da primavera ao início do verão.

TULIPA "SAN MARINO"

Estas tulipas, com as notáveis pétalas com marcas semelhantes a chamas, são outro exemplo de uma Rembrandt sem vírus. Os densos feixes vermelhos correm ao longo das pétalas de cor amarelo-vivo.

Classificação Rembrandt.
Cor Amarelo com feixes vermelhos.
Altura 45-75 cm.
Floração Meados da primavera ao início do verão.

TULIPA "BLUE PARROT"

Esta tulipa espetacular possui pétalas recortadas e torcidas, o que lhe dá uma aparência exótica. Sensível ao tempo instável, deve ser plantada em local protegido.

Classificação Parrot.
Cor Violeta.
Altura 60 cm.
Ano de introdução 1935.
Prêmios AM H 35.
Floração Final da primavera ao início do verão.

TULIPA "ESTELLA RIJNVELD"

Esta tulipa, variação de "Red Champion", tem pétalas onduladas brancas com fortes sinais em vermelho-framboesa.

Classificação Parrot.
Cor Branco e vermelho-framboesa.
Altura 60 cm.
Ano de introdução 1954.
Floração Final da primavera ao início do verão.

TULIPA "TEXAS GOLD"

Esta tulipa, uma variação da "Inglescombe Yellow", é amarelo-clara com uma fina faixa vermelha nas bordas. "Texas Gold" tem mais três variações: "Texas Cocktail", "Texas Fire" e "Texas Flame".

Classificação Parrot.
Cor Amarelo com feixes vermelhos.
Altura 52,5 cm.
Ano de introdução 1944.
Floração Final da primavera ao início do verão.

TULIPA "FLAMING PARROT"

Este exemplar, variação de "Red Parrot", tem flores amarelo-creme com marcas vermelho-rosadas. "Flaming Parrot" é uma tulipa espetacular cujo exotismo chama a atenção em qualquer arranjo.

Classificação Parrot.
Cor Amarelo-creme e vermelho.
Altura 60 cm.
Ano de introdução 1968.
Floração Final da primavera ao início do verão.

TULIPA "MOUNT TACOMA"

Esta tulipa tem flores grandes e duradouras, mas não é tão popular como as outras do grupo. Com muitas pétalas, às vezes é chamada de tulipa-peônia.

Classificação Tardia dobrada.
Cor Branco.
Altura 55 cm.
Ano de introdução 1926.
Prêmios FCC H 39.
Floração Final da primavera ao início do verão.

TULIPA "ALLEGRETTO"

As flores, em forma de taça, são grandes e pesadas para suas hastes. Para que não tombem, plante-as bem juntas em local protegido. Talvez seja necessário sustentá-las em suportes.

Classificação Tardia dobrada.
Cor Vermelho com bordas amarelas.
Altura 35 cm.
Ano de introdução 1963.
Floração Final da primavera ao início do verão.

TARDIA DOBRADA

TULIPA "LILAC PERFECTION"

"Lilac perfection" é considerada uma das melhores lilases desta seção. Com flores bem dobradas, estas tulipas assemelham-se a peônias.

Classificação Tardia dobrada.
Cor Rosa-escuro.
Altura 50 cm.
Ano de introdução 1910.
Prêmios AM H39
Floração Final da primavera ao início do verão.

50 cm — PERÍODOS 4-5

TULIPA "UNCLE TOM"

"Uncle Tom" chama a atenção por suas flores parecidas com peônias. De cor vermelha, são tão grandes que podem ser muito danificadas por chuvas e ventos fortes se não forem bem protegidas.

Classificação Tardia dobrada.
Cor Vermelho.
Altura 30 cm.
Prêmios AM H 39.
Floração Final da primavera ao início do verão.

30 cm — PERÍODOS 4-5

TULIPA "MAY WONDER"

Exemplo típico de tulipa dobrada tardia com suas grandes pétalas múltiplas. É rosa-escuro e precisa ser protegido do vento e da chuva.

Classificação Tardia dobrada.
Cor Cor-de-rosa.
Altura 40 cm.
Ano de introdução 1951.
Floração Final da primavera ao início do verão.

TULIPA "ANGELIQUE"

"Angelique", uma das mais lindas e populares tulipas desta seção, é cultivada há mais de 30 anos. A cor é rosa-pálido com bordas mais claras.

Classificação Tardia dobrada.
Cor Rosa-pálido.
Altura 30 cm.
Ano de introdução 1910.
Prêmios AM W 14.
Floração Final da primavera ao início do verão.

TARDIA DOBRADA

TULIPA "THE FIRST"

Esta tulipa geralmente é a primeira do grupo a florescer, sendo mais exuberante e maior do que as demais e igualmente vigorosa. As flores longas, largas, em forma de estrela são brancas e vermelhas.

Classificação Kaufmanniana.
Cor Branco e vermelho.
Altura 25 cm.
Ano de introdução 1910.
Floração Final do inverno.

25 cm — PERÍODO 1

TULIPA "EARLY HARVEST"

Uma das tulipas que mais florescem e produzem bulbos. É laranja-avermelhada com a borda amarela e o interior laranja com feixes amarelos.

Classificação Kaufmanniana.
Cor Laranja-avermelhado com bordas amarelas.
Altura 20 cm.
Ano de introdução 1966.
Prêmios AM H 73.
Floração Final do inverno.

20 cm — PERÍODO 1

TULIPA "LOVE SONG"

Parecida com "Early Harvest", mas com o exterior mais vermelho e a borda amarela mais estreita. É uma planta pequena, ideal para solo pedregoso, vasos ou para ser adaptada à grama.

Classificação Kaufmanniana.
Cor Laranja-avermelhado e amarelo.
Altura 20 cm.
Ano de introdução 1966.
Floração Final do inverno.

TULIPA "SHOW WINNER"

A melhor entre as precoces vermelhas, "Show Winner" também é viçosa e forte. Sua estatura pequena a torna ideal para jardins com pedras onde pode crescer em pequenos grupos.

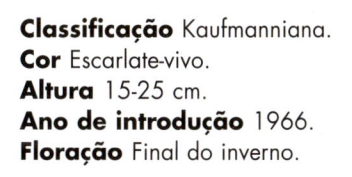

Classificação Kaufmanniana.
Cor Escarlate-vivo.
Altura 15-25 cm.
Ano de introdução 1966.
Floração Final do inverno.

KAUFMANNIANA

KAUFMANNIANA

TULIPA "CESAR FRANCK"

Normalmente é a primeira deste grupo a florescer. As flores vermelho-carmim e ouro com folhas verdes abrem-se como estrelas coloridas sob o sol, o que as torna ideais para bordas e jardins com pedras.

Classificação Kaufmanniana.
Cor Vermelho-carmim e ouro.
Altura 30 cm.
Ano de introdução 1940.
Floração Final do inverno.

30 cm — PERÍODO 1

TULIPA "DUPLOSA"

Tem uma forma atraente, muito distinta da espécie. É semidobrada de modo singular, rosa-framboesa com o centro dourado. Às vezes é a primeira a florescer no jardim.

Classificação Kaufmanniana.
Cor Rosa-framboesa.
Altura 22,5 cm.
Ano de introdução 1955.
Floração Final do inverno.

22,5 cm — PERÍODO 1

TULIPA "CORONA"

Esta tulipa, assim como a "Joseph Kafka" tem um dos centros mais bonitos das "kaufmannianas" — dourado com uma larga faixa escarlate. As pétalas são vermelhas e amarelo-claras.

Classificação Kaufmanniana.
Cor Vermelho e amarelo-claro.
Altura 25 cm.
Ano de introdução Aprox. 1943.
Prêmios AM W 48.
Floração Final do inverno.

TULIPA "BERLIOZ"

"Berlioz" é muito brilhante e vistoso. Há três manchas vermelhas externas, mas ela é freqüentemente descrita como dourada devido à sua aparência quando totalmente aberta.

Classificação Kaufmanniana.
Cor Dourado com manchas vermelhas.
Altura 20 cm.
Ano de introdução 1942.
Prêmios AM W 39.
Floração Final do inverno.

KAUFMANNIANA

TULIPA "SPRING PEARL"

As hastes desta híbrida alta podem ser danificadas por ventos fortes. As flores são grandes, com bordas rosa-escuras, e rosa com uma base interna amarela.

Classificação Fosteriana.
Cor Borda rosa-avermelhada.
Altura 45 cm.
Ano de introdução 1955.
Floração Final do inverno.

TULIPA "ORANGE EMPEROR"

Tulipa notável com hastes mais fortes que as demais, pode ser plantada em qualquer lugar. As flores cor de cenoura com centro amarelo são extremamente largas, e sua folhagem é muitas vezes listrada ou manchada.

Classificação Fosteriana.
Cor Cenoura.
Altura 50 cm.
Ano de introdução 1962.
Floração Final do inverno.

TULIPA "PURISSIMA"

Esta é outra planta alta e notável, muitas vezes descrita como a melhor tulipa branca já cultivada. Também chamada de "White Emperor", tem cor branco-leite com o centro amarelo. A excelente forma e estatura ajudam-na a resistir a quase todo tipo de clima.

Classificação Fosteriana.
Cor Branco-leite.
Altura 50 cm.
Ano de introdução 1943.
Prêmios AM H 49.
Floração Início a meados da primavera.

TULIPA "SWEETHEART"

É uma variação da tulipa "Purissima", amarelo-bário no fundo e marfim no ápice. Flor encantadora que se tornou muito popular desde sua introdução.

Classificação Fosteriana.
Cor Amarelo e branco.
Altura 37,5 cm.
Ano de introdução 1976.
Floração Início a meados da primavera.

FOSTERIANA

FOSTERIANA

TULIPA "CANTATA"

"Cantata" é uma das fosterianas de cabo mais curto, considerada a melhor do grupo. Sua cor é vermelho-alaranjado vivo com um leve toque amarelo que sobe pelo meio das pétalas, as quais florescem sobre a folhagem verde-maçã.

Classificação Fosteriana.
Cor Vermelho-alaranjado vivo.
Altura 27,5 cm.
Prêmios AM H 42.
Floração Início a meados da primavera.

27,5 cm — PERÍODOS 2-3

TULIPA "SALUT"

"Salut", uma das menores fosterianas de seu grupo, é branco-enxofre com bordas rosa-carmim e uma base margeada de preto e amarelo. Robusta e vigorosa, é fácil de cultivar.

Classificação Fosteriana.
Cor Branco-enxofre e rosa-carmim.
Altura 25 cm.
Ano de introdução 1955.
Floração Início a meados da primavera.

25 cm — PERÍODOS 2-3

TULIPA "RONDO"

Esta tulipa é bicolor, semelhante à "Reginald Dixon". Seu exterior é vermelho com bordas douradas e o interior mostra um centro dourado com manchas vermelhas. As tulipas fosterianas às vezes são chamadas de tulipas "Emperor".

Classificação Fosteriana.
Cor Dourado com veios vermelhos.
Altura 40 cm.
Ano de introdução 1952.
Floração Início a meados da primavera.

TULIPA "TOULON"

"Toulon", uma das várias híbridas com folhas greigii, resulta de um cruzamento. É ligeiramente baixa com boa haste. A cor é laranja-escuro com o centro marrom, bordas amarelas e anteras amarelo-claras. As folhas têm lindas listras marrom-avermelhadas.

Classificação Fosteriana.
Cor Laranja com centro marrom.
Altura 37,5 cm.
Ano de introdução 1943.
Prêmios AM H 49.
Floração Início a meados da primavera.

FOSTERIANA

TULIPA "TORONTO"

Embora algumas greigii não gostem de solo compacto e sejam propensas a ataques de lesmas, esta tulipa é forte em qualquer solo. Pode ter floração múltipla, em uma haste ou em um ramo. Boa formadora de bulbos, tem sido usada com freqüência.

Classificação Greigii.
Cor Coral com base amarela e manchas marrons.
Altura 30 cm.
Ano de introdução 1963.
Floração Início da primavera ao início do verão.

TULIPA "DREAMBOAT"

É uma tulipa anã com flores grandes de longa duração, amarelas com feixes vermelhos, que dão a impressão de serem rosadas. A folhagem é diferente, marrom marmoreada.

Classificação Greigii
Cor Amarelo com feixes vermelhos.
Altura 25 cm.
Ano de introdução 1953.
Prêmios AM W 66.
Floração Início da primavera ao início do verão.

TULIPA "ORATORIO"

"Oratorio" é rosa-damasco com a base preta e uma folhagem marrom marmoreada muito bonita. Pertence a uma espécie anã de flores grandes.

Classificação Greigii.
Cor Rosa-damasco e base preta.
Altura 17,5 cm.
Ano de introdução 1952.
Prêmios AM H 49.
Floração Início da primavera ao início do verão.

TULIPA "ROSEANNA"

Uma greigii bicolor, "Roseanna" abre vermelho, branco e rosa. Dentro, o centro é amarelo com um anel vermelho e manchas acastanhadas.

Classificação Greigii.
Cor Vermelho, branco e rosa.
Altura 40 cm.
Ano de introdução 1952.
Floração Início da primavera ao início do verão.

GREIGII

TULIPA "DONNA BELLA"

Esta é uma variedade cultivada com folhagem incomum, de desenhos verdes e roxos na parte superior. As flores têm manchas roxas externas.

Classificação Greigii.
Cor Amarelo-creme e roxo.
Altura 20 cm.
Ano de introdução 1955.
Floração Início da primavera a início do verão.

TULIPA "PLAISIR"

"Plaisir" é uma boa tulipa bicolor de fácil cultivo. As flores são vermelhas com bordas cor de enxofre em ambos os lados, com uma base preta e amarela.

Classificação Greigii.
Cor Vermelho com bordas cor de enxofre.
Altura 22,5 cm.
Ano de introdução 1953.
Floração Início da primavera a início do verão.

TULIPA PULCHELLA HUMILIS

Até recentemente, ela era chamada apenas de *T. humilis*. Sua forma comum é violeta-rosado escuro com o centro amarelo. São tulipas anãs adequadas para plantio permanente em jardins com pedras.

Classificação Outras espécies.
Cor Violeta-rosado com centro amarelo.
Altura 10 cm.
Ano de introdução 1982.
Floração Final do inverno.

TULIPA PULCHELLA VIOLACEA

Esta é outra tulipa anã semelhante à *T. humilis pulchella*, diferenciando apenas na base, que nesta é preta. Adapta-se bem em jardins de pedras ou bordas onde possa ficar permanentemente.

Classificação Outras espécies.
Cor Rosa-magenta com base preta.
Altura 10 cm.
Floração Final do inverno.

TULIPA BIFLORA

Esta é uma espécie multicolorida de minúsculas flores brancas, com um toque verde e centro amarelo. Originária da Rússia, pode ter cinco flores por haste. Precisa de suporte e de replante anual ou morrerá.

Classificação Outras espécies.
Cor Branco com um toque de verde.
Altura 17,5 cm.
Floração Final do inverno.

TULIPA URUMIENSIS

Esta é uma espécie anã de floração múltipla originária do noroeste do Irã. Parecida com *T. tarda*, esta tulipa é vermelho-oliva no exterior e amarela no interior.

Classificação Outras espécies.
Cor Amarelo-claro.
Altura 12,5 cm.
Ano de introdução Aprox. 1932.
Prêmios FCC W 70.
Floração Final do inverno a meados da primavera.

TULIPA TARDA

Esta linda tulipa anã de múltiplas flores, uma das menores existentes, vem da Ásia Central. É perfeita para borda de canteiros ensolarados ou jardins de pedras. As folhas cinza-esverdeadas formam uma roseta ao redor das pétalas brancas em ponta com centros amarelo-vivos.

Classificação Outras espécies.
Cor Branco com centro amarelo.
Altura 10 cm.
Prêmios AM H 37 AM W 70.
Floração Início da primavera ao início do verão.

TULIPA PRAESTANS "FUSILIER"

Esta é uma das tulipas de flores múltiplas e maravilhosas que pode dar até seis flores por haste. As flores são bem formadas e sua cor é rosa com feixes amarelos.

Classificação Outras espécies.
Cor Rosa com feixes amarelos.
Altura 25 cm.
Prêmios FCC H 42.
Floração Final do inverno a meados da primavera.

OUTRAS ESPÉCIES

TULIPA KOLPAKOWSKIANA

Uma tulipa anã cujas flores são carmim com bordas amarelas. Do mesmo grupo da variedade cultivada "Cynthia", *T. kolpakowskiana* apresenta flores múltiplas com folhagem retorcida.

Classificação Outras espécies.
Cor Carmim com bordas amarelas.
Altura 15 cm.
Floração Início da primavera ao início do verão.

15 cm — PERÍODOS 2-5

TULIPA LINIFOLIA

Uma tulipa anã vermelha muito atraente originária do Turquestão. As folhas são levemente cerosas e onduladas. As pétalas são de cor vermelho-fosco no exterior e escarlate-vivo no interior.

Classificação Outras espécies.
Cor Escarlate.
Altura 12,5 cm.
Prêmios AM H 32 AM W 70.
Floração Meados da primavera ao início do verão.

12,5 cm — PERÍODOS 3-5

TULIPA BAKERI "LILAC WONDER"

Pertence ao grupo de pequenas lilases, entre as quais é considerada a melhor. Sua cor é o lilás com o centro interno amarelo.

Classificação Outras espécies.
Cor Lilás com centro amarelo.
Altura 15 cm.
Ano de introdução 1971.
Prêmios FCC H 77.
Floração Início a meados da primavera.

TULIPA BATALINII

Uma espécie muito pequena de tulipa com lindas flores cor de limão, numa versão amarelo-creme de *T. linifolia* com mais folhas.

Classificação Outras espécies.
Cor Limão.
Altura 12,5 cm.
Prêmios FCC W 70 AM H 00.
Floração Início da primavera ao início do verão.

Índice remissivo

"Abu Hassan" 26
"Aladdin" 37
"Allegretto" 45
"Angelique" 47
"Apricot Beauty" 19
"Arabian Mystery" 23
"Aristocrat" 31
"Artist" 40
"Attila" 23

"Baby Doll" 22
"Ballade" 37
"Bellflower" 38
"Berlioz" 51
"Bestseller" 20
"Big Chief" 27
"Blue Parrot" 43
"Burgundy Lace" 38

"Cantata" 54
"Cesar Franck" 50
"China Pink" 36
"Cordell Hull" 42
"Corona" 51
"Court Lady" 41

"Dawnglow" 29
"Dillenburg" 34
"Donna Bella" 58
"Dreamboat" 56
"Dreaming Maid" 24
"Duplosa" 50

"Early Harvest" 48
"Estella Rijnveld" 43

"Fancy Frills" 39
"Flaming Parrot" 44
"Fringed Elegance" 39

"Golden Springtime" 28
"Greenland" 40

"Halcro" 32
"Hibernia" 24

"Ibis" 18
"Irene" 20
"Ivory Floradale" 30

"Kees Nelis" 25
"Keizerskroon" 19

"Landseadle's Supreme" 33
"Lilac Perfection" 46
"Love Song" 49

"Mariette" 35
"Marjolein" 35
"Maytime" 36
"May Wonder" 47
"Merry Widow" 25
"Mount Tacoma" 45

"Olympic Flame" 30
"Orange Emperor" 52
"Orange Nassau" 21
"Orange Sun" 27
"Oratorio" 57
"Oxford" 28

"Pandion" 34
"Peach Blossom" 21
"Pink Impression" 29
"Plaisir" 58
"Prince Carnival" 18
"Purissima" 53

"Renown" 32
"Rondo" 55
"Roseanna" 57
"Rosy Wings" 31

"Salut" 54
"San Marino" 42
"Scarlet Cardinal" 22
"Shirley" 33
"Show Winner" 49
"Spring Green" 41
"Spring Pearl" 52
"Sweetheart" 53

"Texas Gold" 44
"The First" 48
"Toronto" 56
"Toulon" 55
T. bakeri "Lilac Wonder" 63
T. batalinii 63
T. biflora 60
T. kolpakowskiana 62
T. linifolia 62
T. praestans "Fusilier" 61
T. pulchella humilis 59
T. pulchella violacea 59
T. tarda 61
T. urumiensis 60

"Uncle Tom" 46

"Valentine" 26